FULL SCORE

SPH-0113

吹奏楽譜<スマートスコア>

20人の吹奏楽 スマートスコア

SmartScore

20人の吹奏楽 スマートスコア

あなたとトゥラッタッタ♪

作曲：吉田美和、中村正人　編曲：郷間幹男

〈楽器編成表〉

木管楽器	金管・弦楽器	打楽器・その他
Flute (Piccolo)	B♭ Trumpet 1	Drums
*Oboe	B♭ Trumpet 2	*Timpani
B♭ Clarinet 1	F Horn 1	Percussion 1 ・Crash Cymbals ・Cabasa ・Triangle ・Xylophone
B♭ Clarinets 2 (&*3)	F Horn 2	Percussion 2 ・Glockenspiel ・Vibraphone
Bass Clarinet	Trombone 1	Melody (in C)
Alto Saxophones 1 (&*2)	Trombone 2	*Piano
Tenor Saxophone	Euphonium	Piano Score
Baritone Saxophone	Tuba	Full Score
	Electric Bass (String Bass) ※パート譜のみ	

※Bass Clarinet、Baritone Saxophoneは、どちらか一方を省略可能。 ※*イタリック表記の楽譜はオプション。

WindsScore
Spielen Musik.

SmartScore

あなたとトゥラッタッタ♪

吉田美和／中村正人 作曲
郷間幹男 編曲

♩=120 (♫=♩♪)
A
Fl.
(Picc.)
*Ob.
Cl.1
Cl.2,(*3)
B.Cl.
a2
A.Sax.1,(*2)
T.Sax.
B.Sax.
Trp.1
Trp.2
Hrn.1
Hrn.2
Trb.1
Trb.2
Euph.
Tub.
E.B.
Drms.
*Timp.
Perc.1
(C.Cymb.)
Perc.2
(Glock.)
Melody
A♭ B♭7/A♭ Gm7 Cm Fm Gm Cm G7 A♭ B♭7/A♭
*Pno.

11
Fl.
(Picc.)
*Ob.
Cl.1
Cl.2,(*3)
B.Cl.
A.Sax.1,(*2)
T.Sax.
B.Sax.
Trp.1
Trp.2
Hrn.1
Hrn.2
Trb.1
Trb.2
Euph.
Tub.
E.B.
Drms.
*Timp.
Perc.1
(C.Cymb.)
Perc.2
(Glock.)
Melody
*Pno.
Gm
Cm
Fm
B♭
E♭
E♭
A♭m/C♭
E♭
A♭m7/C♭

16
B
Fl.
+Picc.
Fl.
(Picc.)
*Ob.
Cl.1
a2
Cl.2,(*3)
B.Cl.
A.Sax.1,(*2)
T.Sax.
B.Sax.
Trp.1
Trp.2
Hrn.1
Hrn.2
Trb.1
Trb.2
Euph.
Tub.
E.B.
Drms.
*Timp.
Cab.
Perc.1
(Cab.)
Perc.2
(Glock.)
Melody
*Pno.
E♭
Fm
G
Cm
F
A♭
B♭

21
C
Fl.
(Picc.)
*Ob.
Cl.1
Cl.2,(*3)
B.Cl.
A.Sax.1,(*2)
T.Sax.
B.Sax.
Trp.1
Trp.2
Hrn.1
Hrn.2
Trb.1
Trb.2
Euph.
Tub.
E.B.
Drms.
*Timp.
Perc.1
(C.Cymb.)
Perc.2
(Glock.)
C.Cymb.
Melody
*Pno.
Gm
Cm
Fm
G
A♭
B♭7/A♭
Gm
Cm

26
Fl.
(Picc.)
*Ob.
Cl.1
Cl.2,(*3)
B.Cl.
A.Sax.1,(*2)
T.Sax.
B.Sax.
Trp.1
Trp.2
Hrn.1
Hrn.2
Trb.1
Trb.2
Euph.
Tub.
E.B.
Drms.
*Timp.
Perc.1
(C.Cymb.)
Perc.2
(Glock.)
Melody
*Pno.
Fl.
Picc.
Fm
Gm
Cm
G
A♭
B♭7/A♭
Gm
Cm
Fm
B♭
E♭

32
1.
D
Fl.
(Picc.)
a2
Picc.
*Ob.
Cl.1
Cl.2,(*3)
B.Cl.
A.Sax.1,(*2)
T.Sax.
B.Sax.
Trp.1
Trp.2
Hrn.1
Hrn.2
Trb.1
Trb.2
Euph.
Tub.
E.B.
Drms.
*Timp.
Perc.1
(C.Cymb.)
Tri.
Perc.2
(Glock.)
Melody
E♭
A♭m/C♭
A♭m7/C♭
Fm
G
Cm
*Pno.

37
a2
Fl.
(Picc.)
*Ob.
Cl.1
Cl.2,(*3)
B.Cl.
A.Sax.1,(*2)
T.Sax.
B.Sax.
Trp.1
Trp.2
Hrn.1
Hrn.2
Trb.1
Trb.2
Euph.
Tub.
E.B.
Drms.
*Timp.
Perc.1
(C.Cymb.)
Perc.2
(Glock.)
Melody
*Pno.
mf
F
A♭
B♭
Gm
Cm
Fm
G

2.
42
Fl.
(Picc.)
Picc.
*Ob.
Cl.1
Cl.2,(*3)
B.Cl.
A.Sax.1,(*2)
T.Sax.
B.Sax.
Trp.1
Trp.2
Hrn.1
Hrn.2
Trb.1
Trb.2
Euph.
Tub.
E.B.
Drms.
*Timp.
Perc.1
(Xylo.)
Perc.2
(Glock.)
Melody
*Pno.
a2
A♭m
E♭
A♭m
B♭
Cm
E♭aug/B

47
Fl.
(Picc.)
*Ob.
Cl.1
Cl.2,(*3)
B.Cl.
A.Sax.1,(*2)
T.Sax.
B.Sax.
Trp.1
Trp.2
Hrn.1
Hrn.2
Trb.1
Trb.2
Euph.
Tub.
E.B.
Drms.
*Timp.
Perc.1
(Xylo.)
Perc.2
(Glock.)
Melody
*Pno.
cresc.
mf
Xylo.
mf cresc.
Glock.
E♭/B♭
Adim
Fm
B♭
B♭7

51
E
Fl. (Picc.)
Fl.Solo
*Ob.
Solo
Opt. Ob.Solo
Cl.1
cresc.
Cl.2,(*3)
a2
B.Cl.
A.Sax.1,(*2)
T.Sax.
B.Sax.
Opt.
Trp.1
Trp.2
Hrn.1
Hrn.2
Trb.1
Trb.2
Euph.
Tub.
E.B.
Drms.
*Timp.
Perc.1 (Xylo.)
Perc.2 (Vib.)
Vib.
Melody
Trp.
B♭
Fm
B♭7/F
Gm7/F
Cm/G
Fm
B♭/D
*Pno.

56
Solo end
a2
Fl.
Picc.
cresc.
mf
(tutti)
Fl.
(Picc.)
*Ob.
Cl.1
Cl.2,(*3)
B.Cl.
A.Sax.1,(*2)
T.Sax.
B.Sax.
Trp.1
Trp.2
Hrn.1
Hrn.2
Trb.1
Trb.2
Euph.
Tub.
E.B.
Drms.
*Timp.
Perc.1
(C.Cymb.)
Perc.2
(Glock.)
Melody
*Pno.
C.Cymb.
Glock.
mf cresc.
Cm/G
G
A♭
B♭/A♭
Gm
Cm
Fm
Gm/B♭

61
Fl.
(Picc.)
*Ob.
Cl.1
Cl.2,(*3)
B.Cl.
A.Sax.1,(*2)
T.Sax.
B.Sax.
Trp.1
Trp.2
Hrn.1
Hrn.2
Trb.1
Trb.2
Euph.
Tub.
E.B.
Drms.
*Timp.
Perc.1
(C.Cymb.)
Perc.2
(Glock.)
Melody
*Pno.
a2
Fl.
Picc.
cresc.
f
(Hoo!)
A♭m
B♭m/D♭
Fm
Gm/B♭
E♭

ご注文について

ウィンズスコアの商品は全国の楽器店、ならびに書店にてお求めになれますが、店頭でのご購入が困難な場合、当社PC&モバイルサイト・FAX・電話からのご注文で、直接ご購入が可能です。

◎当社PCサイトでのご注文方法

http://www.winds-score.com

上記のURLへアクセスし、WEBショップにてご注文ください。

◎FAXでのご注文方法

FAX.03-6809-0594

24時間、ご注文を承ります。当社サイトよりFAXご注文用紙をダウンロードし、
印刷、ご記入の上ご送信ください。

◎お電話でのご注文方法

TEL.0120-713-771

営業時間内に電話いただければ、電話にてご注文を承ります。

◎モバイルサイトでのご注文方法

右のQRコードを読み取ってアクセスいただくか、
URLを直接ご入力ください。

Flute
(Piccolo)

あなたとトゥラッタッタ♪

吉田美和／中村正人 作曲
郷間幹男 編曲

Oboe

あなたとトゥラッタッタ♪

吉田美和/中村正人　作曲
郷間幹男　編曲

あなたとトゥラッタッタ♪

吉田美和/中村正人　作曲
郷間幹男　編曲

B♭ Clarinets 2&3

SmartScore

あなたとトゥラッタッタ♪

吉田美和／中村正人 作曲
郷間幹男 編曲

Bass Clarinet

あなたとトゥラッタッタ♪

吉田美和/中村正人　作曲
郷間幹男　編曲

Alto Saxophones 1&2

SmartScore

あなたとトゥラッタッタ♪

吉田美和/中村正人 作曲
郷間幹男 編曲

WindsScore
Spielen Musik.

Tenor Saxophone

SmartScore

あなたとトゥラッタッタ♪

吉田美和/中村正人　作曲
郷間幹男　編曲

Baritone Saxophone

SmartScore

あなたとトゥラッタッタ♪

吉田美和/中村正人　作曲
郷間幹男　編曲

B♭ Trumpet 1

SmartScore

あなたとトゥラッタッタ♪

吉田美和 / 中村正人　作曲
郷間幹男　編曲

B♭ Trumpet 2

SmartScore

あなたとトゥラッタッタ♪

吉田美和/中村正人 作曲
郷間幹男 編曲

WindsScore
Spielen Musik.

F Horn 1

SmartScore

あなたとトゥラッタッタ♪

吉田美和/中村正人 作曲
郷間幹男 編曲

WindsScore

F Horn 2

SmartScore

あなたとトゥラッタッタ♪

吉田美和/中村正人 作曲
郷間幹男 編曲

Trombone 1

SmartScore

あなたとトゥラッタッタ♪

吉田美和/中村正人 作曲
郷間幹男 編曲

Trombone 2

SmartScore

あなたとトゥラッタッタ♪

吉田美和/中村正人 作曲
郷間幹男 編曲

Euphonium

SmartScore

あなたとトゥラッタッタ♪

吉田美和／中村正人　作曲
郷間幹男　編曲

Tuba

SmartScore

あなたとトゥラッタッタ♪

吉田美和／中村正人 作曲
郷間幹男 編曲

WindsScore

Electric Bass

SmartScore

あなたとトゥラッタッタ♪

吉田美和／中村正人　作曲
郷間幹男　編曲

String Bass

あなたとトゥラッタッタ♪

吉田美和/中村正人 作曲
郷間幹男 編曲

Drums

あなたとトゥラッタッタ♪

吉田美和/中村正人　作曲
郷間幹男　編曲

Timpani

SmartScore

あなたとトゥラッタッタ♪

吉田美和／中村正人　作曲
郷間幹男　編曲

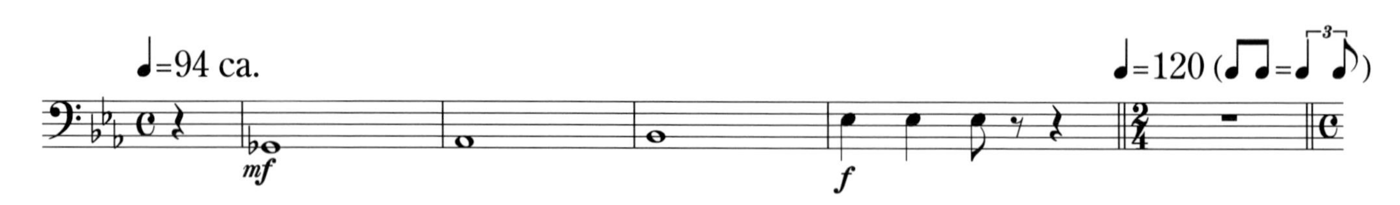

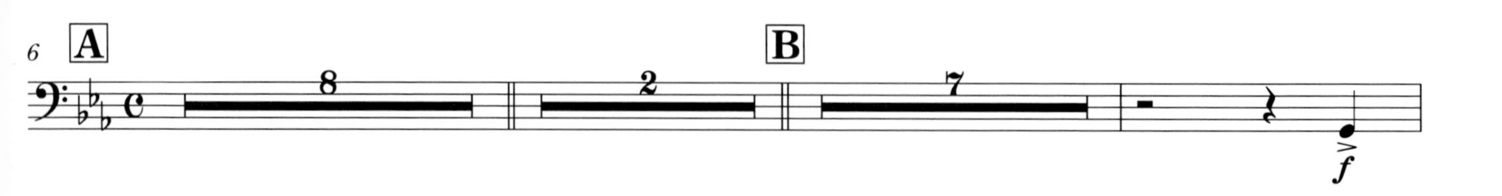

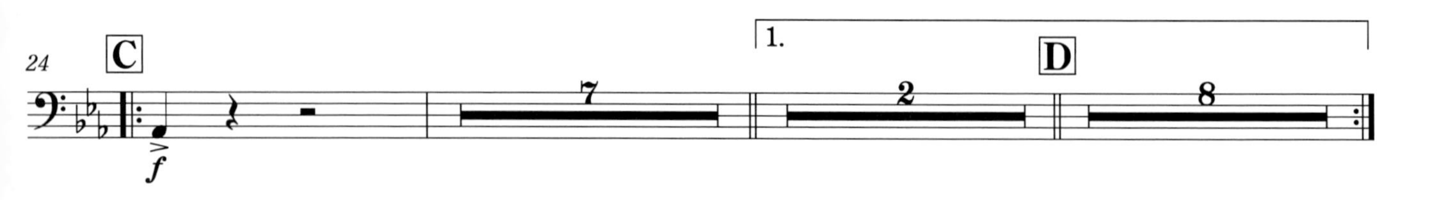

Percussion 1
Crash Cymbals, Cabasa, Triangle, Xylophone

SmartScore

吉田美和/中村正人　作曲
郷間幹男　編曲

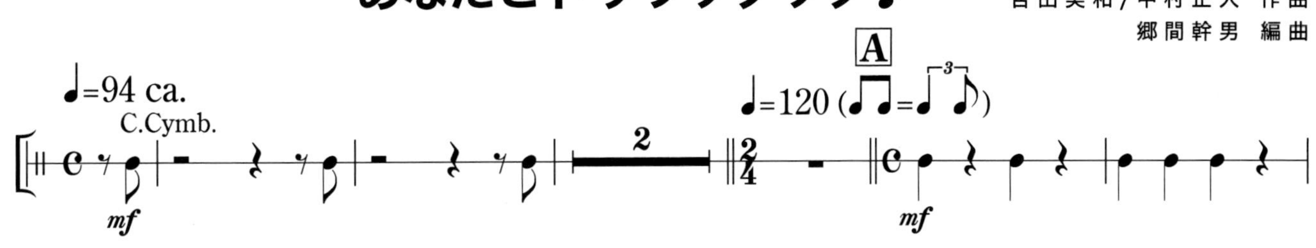

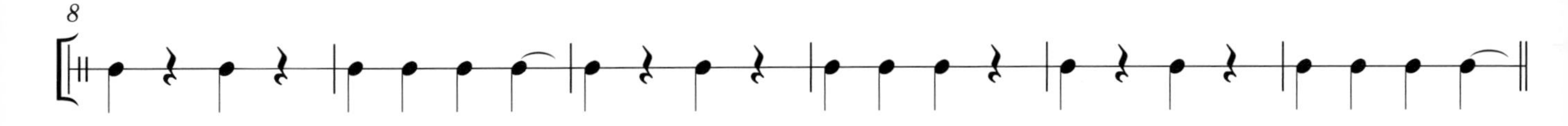

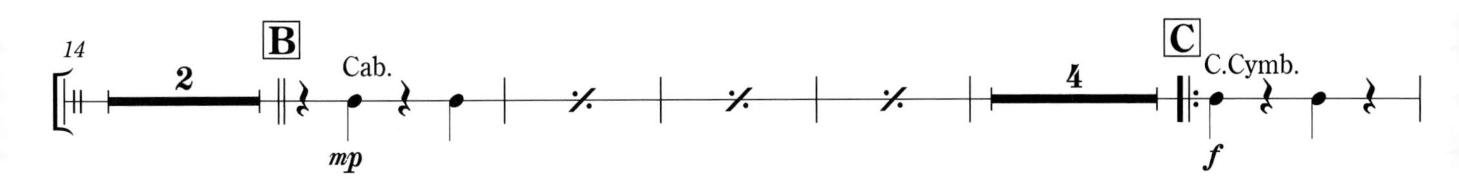

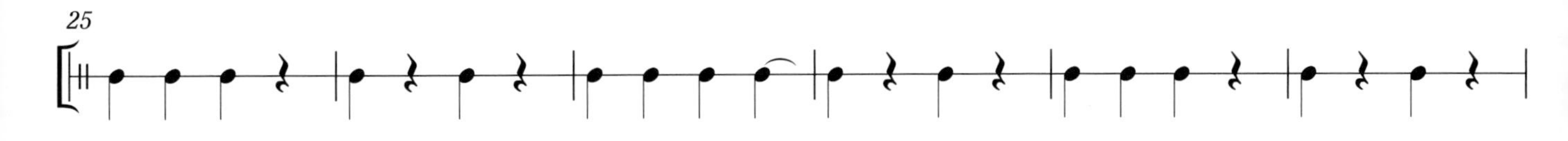

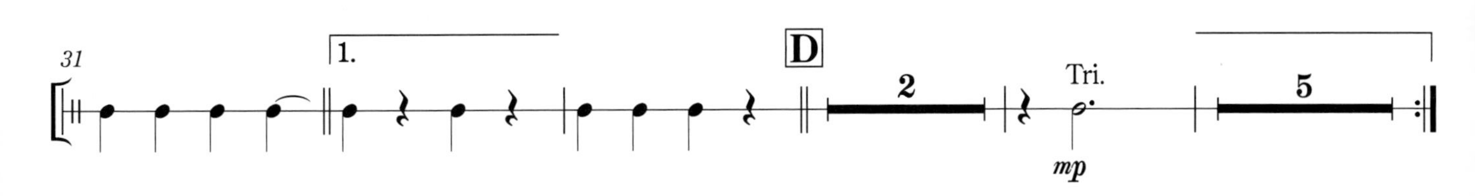

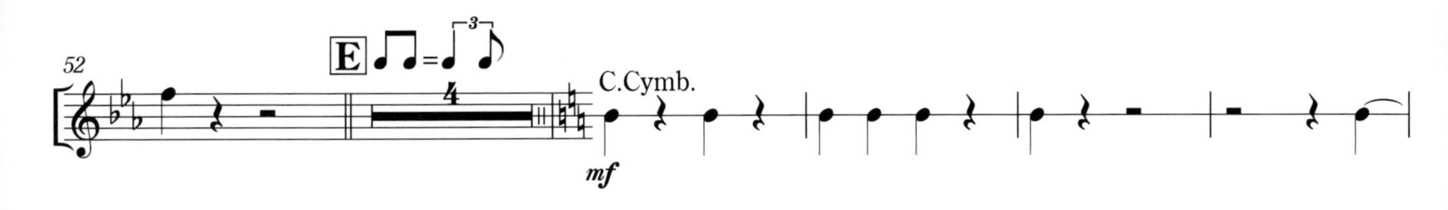

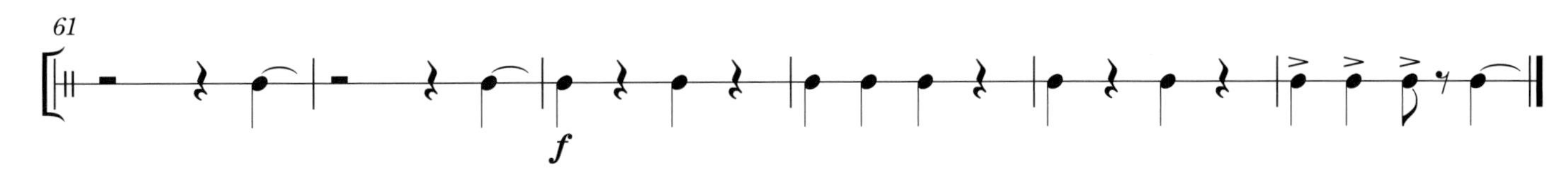

Percussion 2
Glockenspiel, Vibraphone

SmartScore

あなたとトゥラッタッタ♪

吉田美和/中村正人 作曲
郷間幹男 編曲

あなたとトゥラッタッタ♪

吉田美和/中村正人　作曲
郷間幹男　編曲

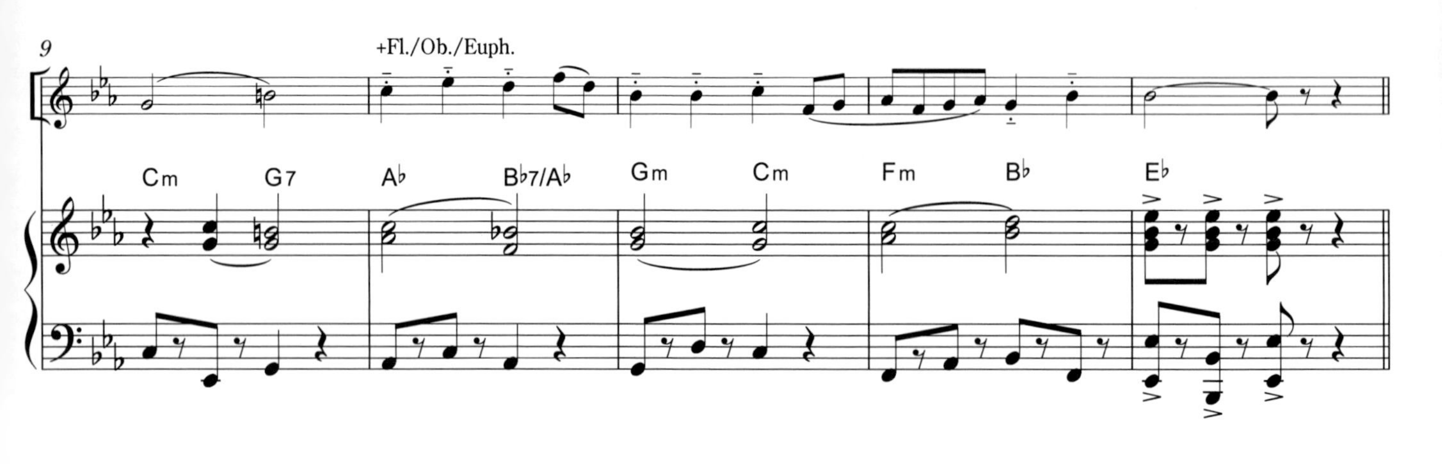
9
+Fl./Ob./Euph.
Cm
G7
A♭
B♭7/A♭
Gm
Cm
Fm
B♭
E♭

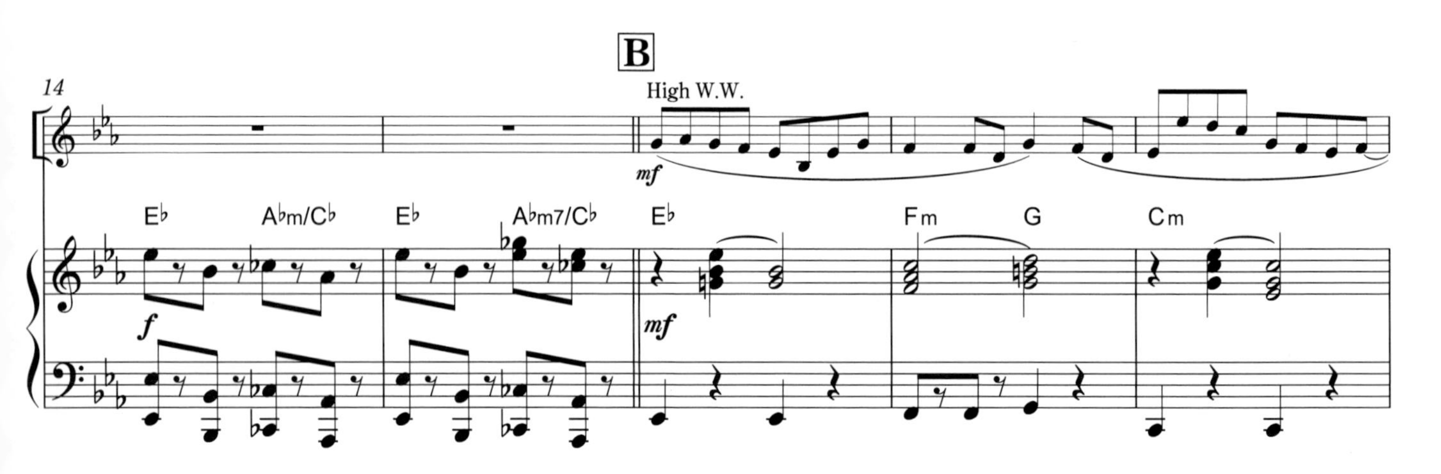
14
B
High W.W.
mf
E♭
A♭m/C♭
E♭
A♭m7/C♭
E♭
Fm
G
Cm
f
mf

19
Cl./A.Sax./T.Sax./Euph.
F
A♭
B♭
Gm
Cm
Fm
G

24
C
Highs
f
A♭
B♭7/A♭
Gm
Cm
Fm
Gm
Cm
G
A♭
B♭7/A♭
f
3
3

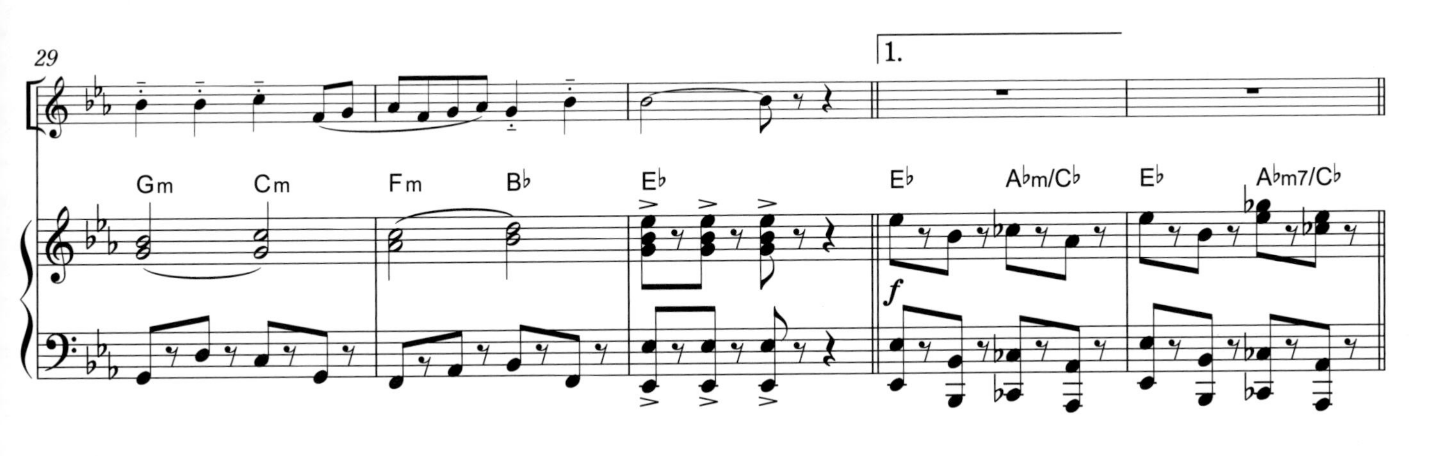
29
1.
Gm
Cm
Fm
B♭
E♭
E♭
A♭m/C♭
E♭
A♭m7/C♭
f

34
D
Cl./A.Sax.
mf
Highs
E♭
Fm
G
Cm
F
A♭
B♭
mf

39
2.
Trb./Euph.
mf
Gm
Cm
Fm
G
A♭m
E♭
mp

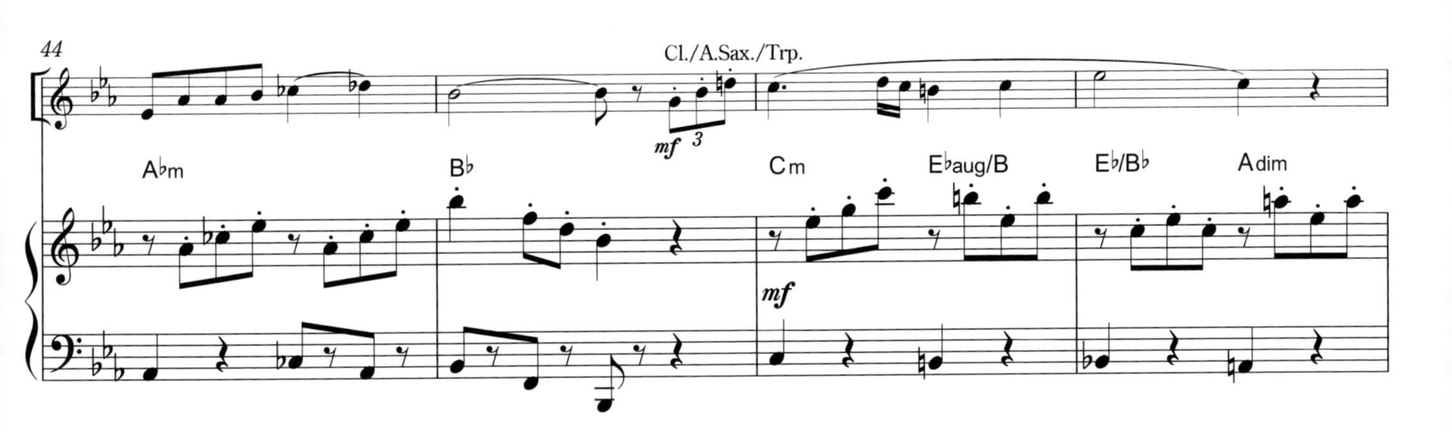
44
Cl./A.Sax./Trp.
mf 3
A♭m
B♭
Cm
E♭aug/B
E♭/B♭
Adim
mf

48
Glock.
Trp.
f
Fm
B♭
B♭7
cresc.
52
E
Fl. Solo
mp
B♭
Fm
B♭7/F
Gm7/F
Cm/G
Fm
B♭/D
Cm/G
G
f
mp
mf
57
W.W./Euph.
mf
Fl./A.Sax./T.Sax.
Trp./Trb./Euph.
cresc.
+Cl./Ob.
A♭
B♭/A♭
Gm
Cm
Fm
Gm/B♭
A♭m
B♭m/D♭
3
cresc.
62
cresc.
(Hoo!)
Fm
Gm/B♭
E♭
f
3